ESTAMPES

DE

L'ÉCOLE FRANÇAISE DU XVIIIᵉ SIÈCLE

IMPRIMÉES EN NOIR ET EN COULEURS

ÉCOLE ANGLAISE

PORTRAITS

MARS 1900

CATALOGUE

DES

ESTAMPES

DE

L'ÉCOLE FRANÇAISE DU XVIIIᵉ SIÈCLE

PIÈCES IMPRIMÉES EN NOIR ET EN COULEURS

ÉCOLE ANGLAISE

PORTRAITS

PROVENANT DE PLUSIEURS AMATEURS

DONT LA VENTE AUX ENCHÈRES PUBLIQUES

AURA LIEU

Hôtel des Commissaires-Priseurs, rue Drouot, Nº 9

SALLE Nº 10

Le Samedi 24 Mars 1900

A 2 HEURES TRÈS PRÉCISES

COMMISSAIRE-PRISEUR

Mᵉ **MAURICE DELESTRE**, 5, rue Saint-Georges

EXPERTS

M. PAUL ROBLIN	**M. MARIUS PAULME**
65, RUE SAINT-LAZARE, 65	10, RUE CHAUCHAT, 10

EXPOSITION PUBLIQUE

Le Vendredi 23 Mars, de 2 heures à 5 heures 1/2.

CONDITIONS DE LA VENTE

Elle sera faite au comptant.

Les acquéreurs payeront **cinq pour cent** en sus des prix d'adjudication.

L'Exposition mettant le public à même de se rendre compte de la nature et de l'état des estampes, aucune réclamation ne sera admise une fois l'adjudication prononcée.

EXPOSITION PARTICULIÈRE

Chez M. **Paul Roblin**, rue Saint-Lazare, 65, les vendredi 16 et samedi 17 mars 1900 ;

Chez M. **Marius Paulme**, rue Chauchat, 10, les mardi 20 et mercredi 21 mars 1900.

DÉSIGNATION

ESTAMPES

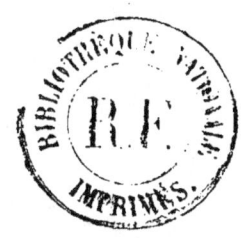

ALIX (P.-M.).

1. *Molière* (J.-B. Poquelin de), avec une scène du *Tartuffe*, d'après Garnerey, in-fol.
   Très belle épreuve imprimée en couleurs. Marges.

ANSELIN (J.-L.).

2. *Pompadour* (Madame la marquise de), en Belle Jardinière, d'après C. Vanloo, in-4°.
   Superbe et très rare épreuve à l'eau-forte pure. Petites marges.

BAUDOUIN (D'après P.-A.).

3. Le Carquois épuisé, par de Launay (E. B. 11).
   Superbe épreuve avec toute sa marge, non ébarbée.

4. Le Catéchisme. — Le Confessionnal (12-15). Deux pièces faisant pendants, gravées par P. E. Moitte.
   Très belles épreuves. Grandes marges.

5. L'Épouse indiscrète, par de Launay (21).
   Très belle épreuve avec grandes marges.

6. Le Lever. — La Toilette. Deux pièces faisant pendants, par N. Ponce (29-48).
   Superbes épreuves avant la lettre, avec grandes marges.

7. Le Midi, par de Ghendt (33).
   Épreuve encadrée.

BAUDOUIN (D'après P.-A.).

8. Le Modèle honnête, gravé à l'eau-forte par J.-M. Moreau le Jeune et terminé par J.-B. Simonet (34).
   Très belle épreuve. Grandes marges.

9. Le Rendez-Vous, par L. Bonnet (41), pièce gravée à la manière du pastel.
   Très belle épreuve imprimée en couleurs. Marges.

10. La Sentinelle en défaut, par de Launay (44).
    Très belle épreuve avec grandes marges.

11. Les Soins tardifs, par de Launay (45).
    Superbe et très rare épreuve avant toutes lettres, avant les changements faits depuis dans la bordure et avec la tablette blanche. Petites marges.

12. La Soirée des Tuileries, par Simonet (47).
    Superbe et rare épreuve à l'eau-forte. Marges.

13. La même estampe.
    Superbe épreuve avec toute sa marge, non ébarbée.

BENAZECH (Charles).

14. Le Couronnement de la Rosière. — Le Prix de l'Agriculture. Deux pièces faisant pendants.
    Très belles épreuves imprimées en couleurs. Marges.

BERTRAND.

15. *Louis XVII*, d'après Laby.
    Belle épreuve en couleurs.

BOILLY (D'après L.).

16. L'Amant favorisé, par Alex. Chaponnier.
    Très belle épreuve. Marges.

17. Les Petits soldats, par J.-M. Gudin.
    Très belle épreuve imprimée en couleurs.

18. Le Porte-Drapeau de la garde civique, par Copia.
    Superbe épreuve imprimée en couleurs, avant toutes lettres, seulement les noms des artistes tracés à la pointe. Grandes marges. Rare.

BONNET (L.-M.).

19. *Marie-Antoinette*, dauphine de France, petit ovale dans un cadre orné, in-12.

    Très rare épreuve en couleurs de ce petit portrait, qui est vu ici de trois quarts tourné vers la droite. Adresse de Bonnet sur la marge inférieure. Grandes marges.

20. The Sump, d'après J.-B. Huet.

    Très belle épreuve en couleurs. Grandes marges.

21. Vénus et Amours. Deux pièces faisant pendants, d'après J.-B. Huet.

    Superbes épreuves imprimées en couleurs, avant toutes lettres et avant la draperie. Marges.

BOREL (D'après ANT.).

22. La Circassienne à l'encan, par Léveillé.

    Très belle épreuve imprimée en couleurs. Grandes marges.

BOUTELOU (L.).

23. « L'Amour se lit dans ses yeux », 1783.

    Très belle épreuve imprimée en couleurs. Marges.

CAMPIONS (Chez les).

24. Vues pittoresques des principaux Édifices de Paris. *A Paris, chez les Campions frères et fils.*

    Très jolie suite, comprenant un frontispice et 106 planches de forme ronde, gravées en couleurs par *Le Campion, Guyot, Roger*, d'après les dessins de *Testard, Sergent* et *Pernet*.
    Dans cette suite se trouvent 3 planches supplémentaires portant les mêmes numéros, mais ne faisant pas double emploi avec les planches 1, 5, 6.
    Belle conservation. Rare.

CHAILLIOU (A Paris chez).

25. Le Repos de Vénus. — Vénus et l'Amour. Deux pièces ovales en larg., faisant pendants.

    Très belles épreuves imprimées en couleurs, avec grandes marges, une est avant toutes lettres.

CHARDIN (J.-B.).

26. Le Serinette, par L. Cars (E. B., 47).
    Très belle épreuve. Grandes marges.
27. La même estampe.
    Belle épreuve. Petites marges.

COSWAY (D'après R.).

28. *Damer* (*The Hon*^{ble} *Mrs*), par Schiavonetti.
    Très belle épreuve imprimée en bistre. Grandes marges.

DEAN PAUL (D'après JOHN).

29. A Struggle for the Start. — The first ten minutes. Shaking off the Cocktails. Planches 1 et 2 de la série de *Leicestershire*. Deux pièces in-fol. en larg.
    Très belles épreuves coloriées. Grandes marges. Encadrées.

DEBUCOURT (P.-L.).

30. Les Deux Baisers, 1786 (M. Fenaille, 7).
    Superbe épreuve, imprimée en couleurs, du 3e état. Marges.
31. Le Menuet de la mariée. — La Noce au Château. Deux pièces faisant pendants (F. 8-21).
    Très belles épreuves imprimées en couleurs, habilement remmargées.
32. La Rose. — La Main. Deux pièces faisant pendants (F. 17-18).
    Épreuves en couleurs, sans marges, avec les légendes manuscrites sans les vers. (Elles paraissent avoir été légèrement rehaussées.)
33. Annette et Lubin, 1789 (F. 22).
    Très belle épreuve, imprimée en couleurs, du 3e état. Grandes marges.
34. Anglais en habit habillé, d'après C. Vernet. — Berline arrêtée par l'orage (F. 224). — Paysage en temps de neige (F. 223).
    Trois pièces imprimées en couleurs. Les deux dernières sont d'un état non décrit, toutes deux portant la date de 1805 au lieu de celle de 1810, indiquée par M. Fenaille.
34 *bis*. Anglais en habit habillé. — Adieux d'un Russe à une Parisienne. — Promenade anglaise. — Rencontre d'Officiers anglais. — Le Courrier anglais. — Le Coup de vent. — La Marchande de coco. — Cosaques au bivac. — Les Aveugles. — Route de Poissy. — Route de Poste, etc. 13 pièces, d'après Cte. Vernet.
    Superbes épreuves imprimées en couleurs. Toutes marges.

DE GOUY.

35. Aux mânes de Voltaire. Médaillon pour dessus de boîte.
    Belle épreuve en couleurs.

DEMARTEAU (Gilles).

36. Léda. — Une Bacchante (de Leymarie (468-469). Deux pièces d'après Fr. Boucher.
    Belles épreuves imprimées aux crayons de couleurs.

37. Pastorale, d'après J.-B. Huet (525).
    Très belle épreuve aux crayons de couleurs. Encadrée.

38. Jeune femme en buste, une rose à son corsage (563).
    Très belle épreuve imprimée aux trois crayons, sur fond vert.

39. Vénus à sa toilette. — Vénus et l'Amour (575-576). Deux petites pièces imprimées en couleurs, faisant pendants, d'après Boucher et Huet.
    Très belles épreuves. Encadrées.

40. Deux sujets gracieux faisant pendants (643-644)
    Superbes épreuves imprimées en couleurs. Marges. Encadrées ensemble.

DESRAIS (D'après C.-L.).

41. L'Amant pressant. — Le Mari galant. Deux pièces, par Mixelle.
    Très belles épreuves imprimées en couleurs. Marges. Encadrées.

DICKINSON (W.).

42. Confidence.
    Très jolie petite pièce anglaise de forme ovale, in-4° en hauteur. Avant la lettre. Marge.

DOWNMANN (D'après).

43. *Richmond* (Her grace the Dutchess of), par Burke.
    Belle épreuve imprimée en bistre.

DUFLOS (P.).

44. *Marie-Antoinette*, Reine de France, représentée en grand costume de cour, d'après Touzé, in-4°
    Très belle épreuve à toutes marges.

DUPLESSI-BERTAUX (J.).

45. Bienfaisance ingénieuse de Pradère et Elleviou. Fait historique du 5 messidor an X, in-4° en larg.

    Belle épreuve à l'eau-forte pure, à toutes marges.

DUTAILLY (D'après).

46. Le Concert. — Le Colin-Maillard. Deux petites pièces ovales, in-4° en travers, faisant pendants, par Guyot.

    Très belles épreuves imprimées en couleurs. La première est remargée à claire-voie.

ÉCOLE ANGLAISE.

47. L'Embarquement.

    Très belle épreuve imprimée en couleurs. Petites marges (doublée).

48. Portraits de femmes. Deux pièces gravées à la manière noire, in-fol.

    Épreuves avant la lettre.

FELLOWS (W.).

49. Horses going to a fair, d'après Jones.

    Très belle et ancienne épreuve imprimée en couleurs. Grandes marges.

FRAGONARD (D'après H.).

50. La Chemise enlevée, par Guersant.

    Très belle épreuve, avec l'adresse de Massard. Grandes marges. Rare.

51. Le Chiffre d'Amour, par de Launay.

    Très belle et ancienne épreuve avec toute sa marge.

52. La Coquette fixée, par Couché et Dambrun.

    Superbe épreuve avant la dédicace, avec toute sa marge non ébarbée. Rare en cet état.

53. La Culbute, par Charpentier.

    Très belle épreuve, gravée en fac-similé, du dessin original. Marges. Encadrée.

FRAGONARD (D'après H.).

54. La Curiosité. — La Nature. Deux pièces faisant pendants, gravées par J.-B. Gerrard.
    Très belles épreuves imprimées en couleurs. Petites marges. Rare.

55. Encadrement de la pièce intitulée : *l'Inspiration favorable.*
    Épreuve à l'état d'eau-forte, excessivement rare.

56. L'Heureuse Fécondité, par N. de Launay.
    Très belle épreuve. Marges.

57. Villageoise dansant, elle tient un panier et un bouquet de fleurs, gravée à la sanguine, par Demarteau.
    Très belle épreuve. Grandes marges.

FRAGONARD FILS (D'après).

58. Jeune fille enlevée par l'Amour. — L'Amour enseignant à danser à une jeune fille. Deux pièces faisant pendants, gravées par A. Regona.
    Très belles épreuves imprimées en couleurs. Grandes marges.

FRYE (T.).

59. Portrait d'une Jeune Femme, vue de face; elle est coiffée d'un chapeau, a la tête appuyée dans l'une de ses mains et tient de l'autre un éventail (Smith 18).
    Superbe épreuve avec une petite marge.

GARDNER (D'après D.).

60. The Young florist, par J. Baldrey.
    Très belle épreuve, d'un gracieux portrait, imprimée en rouge. Grandes marges.

GARNIER (D'après M.).

61. Passage du Ruisseau, par Pelit.
    Belle épreuve en couleurs, encadrée.

GREEN (Val.).

62. A School, d'après Opie, in-fol., à la manière noire.
    Bonne épreuve, légers raccommodages.

63. A Winter's Tale, d'après Opie, in-fol., à la manière noire.
    Très belle épreuve avec la lettre grise. Marges.

GREUZE (D'après J.-B.).

64. Le Malheur imprévu, par de Launay.
    Très belle épreuve avec grandes marges.

65. Les Œufs cassés, par P.-E. Moitte.
    Superbe épreuve avant toutes lettres. Marges.

HAMILTON (D'après W.).

66. January, par W. Gardiner.
    Très belle épreuve, imprimée en couleurs, de la planche ovale. Encadrée.

67. Boy and fighting cocks. — Boy and lamb. — Girl and favourite cat. — Girl and pidgeons. Suite de quatre petites pièces, par Colibert.
    Belles épreuves, encadrées.

HOIN (Claude).

68. Apothéose d'Honoré Gabriel Riquetti, ci-devant comte de Mirabeau.
    Belle épreuve imprimée en bistre, à toutes marges.

HUET (D'après J.-B.).

69. Joconde, conte de La Fontaine, par L. Bonnet.
    Belle épreuve imprimée en couleurs, remmargée.

70. Ce qui est bon à prendre est bon à garder, par Alex. Chaponnier.
    Très belle épreuve avant la lettre, à toutes marges.

JACKSON (Published by E.)

71. Maria Costive at her studies (caricature sur Maria Cosway), in-4º.
    Belle épreuve coloriée, rare.

JANINET (J.-F.).

72. Nina, d'après Hoin (Portrait de Mme Dugazon, dans le rôle de *Nina* ou la *Folle par amour*).
    Très belle épreuve imprimée en couleurs. Marges.

73. La Toilette de Vénus, d'après Fr. Boucher.
    Très belle et très rare épreuve imprimée en couleurs, avant toutes lettres et avant la suppression de l'un des Amours. Petites marges.

74. La Jeune Vestale, d'après Le Barbier.
    Superbe épreuve imprimée en couleurs, avant toutes **lettres**. Grandes marges.

75. Le Repas des Moissonneurs, d'après Wille.
    Très belle épreuve imprimée en couleurs. Marges.
    Beau cadre en bois sculpté et doré.

76. Vénus désarmant l'Amour, d'après Charlier.
    Superbe épreuve imprimée en couleurs, avant toutes lettres. Grandes marges. Rare.

77. Adam et Ève. — La Mort d'Abel. Deux pièces in-fol., en larg., d'après Le Barbier.
    Superbes épreuves imprimées en couleurs, la première avant toutes lettres, la seconde tirée avec cache, à toutes marges.

JANINET (D'après J.-F.).

78. *Marie-Antoinette d'Autriche*, par Vigna et Vigneron.
    Très belle épreuve avec son cadre, avant l'adresse de l'éditeur.

JUBIER.

79. Les Délices du Bain, d'après Caresme.
    Belle épreuve, imprimée en couleurs. Grandes marges.

KAUFFMANN (D'après Ang.).

80. Dancing nymph. — Bacchanalian nymph. Deux pièces ovales, faisant pendants, par Bartolonii.
    Belles épreuves imprimées en couleurs.

LA LIVE DE JULLY (De).

81. *La Live de Jully* (Madame de), profil in-4°, d'après Cochin le fils, avec une légende de quatre vers.
    Très belle épreuve. Rare.

LAUNAY (R. de).

82. *Napoléon Ier*, empereur. — *Joséphine*, impératrice. — *Pie VII*, pape. Trois portraits in-8°, d'après Roëhn.
    Très belles épreuves avant la lettre, imprimées en couleurs. Marges.

LAURENT (P.).

83. *Montbarrey* (Françoise-Parfaite-Thaïs de Mailly-Nesle, P^{sse} de), in-4°.
    Très belle épreuve. Marges.

LAVREINCE (D'après N.).

84. Ah! laisse-moi donc voir! par Janinet (E.B. 2).
    Superbe épreuve en couleurs, à toutes marges.

85. L'Aveu difficile, par Janinet (8).
    Très belle épreuve imprimée en couleurs. Sans marges. Encadrée.

86. Le Billet doux. — Qu'en dit l'abbé? Deux pièces faisant pendants, par de Launay (10 et 51).
    Très belles et anciennes épreuves avec belles marges.

87. La Comparaison, par F. Janinet, 1786 (12).
    Superbe épreuve du 1er état, imprimée en couleurs. Avant toutes lettres. Grandes marges.

88. La même estampe.
    Très belle épreuve imprimée en couleurs. Sans marges. Encadrée.

LAVREINCE (D'après N.).

89. Le Concert agréable, par C. N. Varin (13). — Le Mercure de France, par Guttemberg le Jeune (38). Deux pièces faisant pendants.

> Très belles épreuves du 1er tirage, avec l'adresse de Vidal. Marges.

90. Le Concert agréable, par C.-N. Varin (13).

> Superbe épreuve du premier état, avant toutes lettres. A gauche, *Lavrince pinx.*; à droite *C.N. Varin, sculp.*, *1784*, à la pointe sèche; et au bas du trait carré intérieur, à gauche, *prem. épr.*, également à la pointe sèche. Petites marges. Rare.

91. Le Déjeuner anglais (17). — La Leçon interrompue (35). Deux pièces faisant pendants, par Vidal.

> Superbes épreuves en couleurs des planches originales. Elles ont toutes leur marge non ébarbée. Rares en cet état.

92. Le Déjeuner anglais (17). — La Leçon interrompue (35). Deux pièces faisant pendants, par Vidal.

> Superbes épreuves à toutes marges.

93. Le Déjeuner anglais, par Vidal (17).

> Reproduction gravée au pointillé. Dans cet état, certains ornements qui sont sur les lambris de l'appartement et le haut de la cheminée n'existent pas. Très belle épreuve. Marges.

94. Ha! le joli petit chien, par Janinet (27).

> Très belle épreuve en couleurs. Remmargée in-4°.

95. Ha! le joli petit chien, par Janinet (27).

> Très belle épreuve en couleurs. Petites marges.

96. L'Heureux moment, par de Launay (28).

> Superbe épreuve avec toute sa marge non ébarbée.

97. L'Indiscrétion, par Janinet (30).

> Magnifique épreuve imprimée en couleurs, du premier état; avant toutes lettres, seulement au-dessous du filet, à droite, *F. Janinet sculp.*, à la pointe sèche. Dans cet état le *pied* droit de la femme assise, ainsi que *deux boucles* de cheveux qui encadrent sa tête, ne sont pas encore dessinés.
> L'épreuve, de la plus grande fraîcheur, a toute sa marge. Non ébarbée. Très rare en cet état.

98. Le Lever des Ouvrières en Modes, copie gravée à la roulette pointillée, par J.-B. Compagnie (36).

> Très belle épreuve avant la dédicace, le nom de l'artiste tracé à la pointe. Rare.

LAVREINCE (D'après N.).

99. La Marchande à la toilette (E. B. 37). Charmante petite pièce non décrite dans l'œuvre de Lavreince, par E. Bocher, et inconnue jusqu'à ce jour. Elle est en contre-partie de l'estampe de Vidal et peut être attribuée à *Legrand*, qui a gravé *Jamais d'accord* et le pendant.
    L'épreuve est imprimée en couleurs à la poupée; elle ne porte aucune lettre et a une belle marge. Rarissime, sinon unique.

100. *Les Nymphes scrupuleuses*, par Vidal (42).
    Très belle épreuve du 2ᵉ état. Avant toutes lettres.

101. Le Petit Conseil, par Janinet (48).
    Magnifique épreuve en couleurs. Elle est de la plus grande fraîcheur et a toute sa marge non ébarbée. Très rare de cette qualité.

102. Le Repentir tardif, par Le Vilain (52).
    Superbe épreuve avec toute sa marge non ébarbée. Rare.

103. Le Retour trop précipité, par Pierron (54).
    Superbe épreuve avec toute sa marge non ébarbée.

104. Les Soins mérités, par de Launay (60).
    Superbe épreuve du *premier état*, avec la tablette blanche et le titre seul en lettres ouvertes. Marges. Rare en cet état.

105. La Soubrette confidente, par G. Vidal (61).
    Très rare épreuve à l'état d'eau-forte pure. Sans marges.

106. La même estampe.
    Très belle épreuve avec grandes marges.

LAWRENCE (D'après Th.).

107. *Hense let me haste into the mid-wood Shade..*, in-fol., par W. Bond.
    Très belle épreuve. Petites marges.

LE BARBIER (D'après).

108. Le Mari dupe et content. — La Prudence en défaut. Deux pièces faisant pendants, gravées par Patas.
    Belles épreuves. Grandes marges.

LE CŒUR.

109. Bal de la Bastille : *Ici l'on danse*, d'après Swebach-Desfontaines.
    Superbe épreuve imprimée en couleurs. Marges.

LE CŒUR.

110. Néant à la Requête.

    Très belle épreuve imprimée en couleurs, du 2ᵉ état, avec le jupon rallongé et le nom de l'artiste gravé au burin. Marges. Très rare.

111. La même estampe.

    Très belle épreuve du premier état, avec le jupon rallongé, imprimée en couleurs et remmargée. Très rare.

LE PEINTRE (D'après).

112. La Cage symbolique, par Fessard.

    Très belle épreuve avant la dédicace, avec une très grande marge.

LEVACHEZ.

113. *Kléber*, général en chef de l'armée d'Égypte. Mort au Caire le 25 Prair^{al} an 8, in-8°.

    Très belle épreuve imprimée en couleurs. Grandes marges.

114. *Moreau* (Victor), général en chef de l'armée du Rhin, in-8°, 1802.

    Très belle épreuve imprimée en couleurs. Grandes marges.

115. Calèche à quatre chevaux menés à grandes guides. — Calèche à quatre chevaux attelés à la Daumont. Deux pièces faisant pendants, d'après H. Vernet.

    Très belles épreuves en couleurs. Petites marges.

LINGÉE (Mme).

116. *Villette* (Mlle de Varicourt, marquise de), d'après A. Pujos, in-4°.

    Très belle épreuve avant la lettre. Grandes marges.

LITTRET (C.-A.).

117. *Louis*, Dauphin, dans un médaillon soutenu par la France affligée. Pièce allégorique, dédiée à Madame la Dauphine, 1766.

    Très rare épreuve à l'état d'eau-forte pure. Toutes marges.

MACHY (D'après de).

118. Vue de la Porte Saint-Bernard, prise au bas de la rive, du dit Quay. — Vue du Port Saint-Paul, prise au bas du parapet du dit Quay. Deux pièces faisant pendants, gravées en couleurs, par C. Descourtis.
    Belles épreuves. Marges.

MALLET (D'après).

119. L'arrivée du Modelle (sic).
    Très belle épreuve imprimée en couleurs, à toutes marges.

MEYER (H.).

120. Congratulation, d'après Harlow.
    Très belle épreuve. Marges.

MIXELLE.

121. Vive la République, le 14 Thermidor an V (Sélis, chef Timonier et Thierry Pilote-cotier de la corvette la *Bonne Citoyenne*), d'après Labrousse, in-4°, en larg.
    Belle épreuve en couleurs.

MONSALDI.

122. Vue de Paris : N° 1, prise du Pont-Neuf. — N° 2, représentant le château des Tuileries. — N° 3, prise de la Pompe Notre-Dame. — N° 4, prise de l'entrée des Champs Élysées. Suite complète de 4 pièces, d'après Garbizza, in-fol., en travers.
    Superbes épreuves imprimées en couleurs, avec toute leur marge.

MOREAU LE JEUNE (D'après J.-M.).

123. Couronnement de Voltaire, sur le Théâtre-Français, le 30 mars 1778, après la sixième représentation d'*Irène*, gravé par Ch.-Et. Gaucher.
    Toute première épreuve à l'eau-forte pure, avant l'encadrement, avant toutes lettres, seulement les lettres A. P. D. R., tracées à la pointe, sous le trait carré ; elle est avant de nombreux changements ; le buste de Voltaire, qui est tout différent, est vu de trois quarts ; un des personnages, placé à l'orchestre, au milieu, au-dessus des lettres A. P. D. R., est jeune et vu de face ; dans l'estampe terminée, il est vieux et vu de profil ; celui qui est tout à fait à gauche n'a ni grand cordon, ni plaque. État non décrit, de la plus grande rareté.

MOREAU LE JEUNE (D'après J.-M.).

124. Déclaration de la Grossesse, par Martini.

    Très belle épreuve du premier tirage, avec le numéro, l'adresse de Moreau et les lettres A. P. D. R. Marges du cuivre.

125. La même estampe.

    Très belle épreuve, remmargée.

126. J'en accepte l'heureux présage, par Trière.

    Très belle épreuve, remmargée.

127. Le Lever, par L. Halbou, 1781.

    Très belle épreuve avant la lettre. Petites marges.

128. La Grande Toilette, gravée à l'eau-forte, par Trière, 1777, terminée au burin par Romanet.

    Épreuve à l'état d'eau-forte, avec les noms des artistes : *J. Moreau le Jeune et Trière, sculp., 1777,* tracés à la pointe sous le trait carré, en caractères différents de ceux des épreuves terminées. Excessivement rare dans cet état et dans cette condition. Très grandes marges.

129. Le Rendez-vous pour Marly, par Guttenberg.

    Très belle épreuve, remmargée.

130. La Course de chevaux. — Le Pari gagné. — Le Seigneur chez son fermier. Trois pièces.

    Épreuves à toutes marges.

131. La Course de chevaux. — La Rencontre au Bois de Boulogne. Deux pièces, par Guttenberg.

    Belles épreuves, la première est avant la lettre. Petites marges.

132. L'Amour aveugle, vignette in-12.

    Trois épreuves différentes avant la lettre.

MORLAND (D'après G.).

133. A Visit to the child at nurse, in-fol., par Ward.

    Très belle épreuve imprimée en couleurs. Marges. Encadrée.

134. Cottagers. — Travellers. Deux pièces faisant pendants, par W. Ward.

    Très belles épreuves imprimées en noir. Marges.

MORLAND (D'après G.).

135. Les deux jeunes femmes en pied, de la gravure « *The Moralist* », gravé par J. V. Poll.
     Superbe épreuve avant la lettre, imprimée en couleurs, avec le nom du graveur tracé à la pointe, à toutes marges. Rare.

136. The Fisherman's hut. — Breaking the ice. Deux pièces faisant pendants, par Smith.
     Très belles épreuves imprimées en noir. Marges.

137. Louisa. Deux pièces faisant pendants, gravées par F. Gaugain.
     Très belles épreuves imprimées en bistre. Marges.

138. A Tea garden. — Saint-James's Park. Deux pièces faisant pendants, in-fol. en travers, par Soiron.
     Belles épreuves imprimées en noir, manquant de conservation.

PATER (D'après J.-B.).

139. Campement de soldats d'infanterie, in-fol. en larg, par G. Scotin.
     Superbe épreuve à l'état d'eau-forte avancée. Grandes marges. (Cette pièce ainsi que son pendant : *Assemblée galante dans un parc*, n'ont jamais été terminées, elles sont rarissimes.)

PAYE (D'après R.-M.).

140. Boys playing at Marbles. — Boys playing at Peg Top. Deux pièces faisant pendants, gravées à la manière noire, par R. Pollard.
     Très belles épreuves légèrement bistrées. Marges.

PITOU.

141. Vénus et Adonis, d'après Angelica, publiée chez Bonnet.
     Belle épreuve en couleurs, encadrée.

PORTRAITS.

142. *Eisen, Louis XIV, Regnard, Voltaire.* Cinq petits portraits pour ouvrages illustrés du xviiie siècle, par Fiquet, Savart, etc.
     Épreuves encadrées.

PRUDHON (D'après P.-P.).

143. Adresse du graveur Merlen, in-8.
    Deux épreuves, dont une à l'eau-forte pure. Très rare.

QUEVERDO (D'après).

144. Le Dangereux Modèle. — La Fille surprise. Deux pièces faisant pendants, gravées par Patas.
    Très belles épreuves. Marges.

REGNAULT.

145. Le Bain. — Le Lever. Deux petites pièces faisant pendants, d'après Baudouin et Regnault.
    Belles épreuves imprimées en couleurs.

REYNOLDS (D'après sir J.).

146. *The Dutchess of Buccleugh and her daughter.* Gravé en manière noire, par Watson.
    Superbe épreuve. Encadrée.

147. *Garrick entre la Comédie et la Tragédie*, figurées par Mrs Sheridan et Mrs Abington, par E. Fisher.
    Très belle épreuve avant la lettre. Encadrée.

148. *Misses Elizabeth and Emma Crewe.* In-fol., par Dixon.
    Très belle épreuve avant la lettre.

149. *Spencer* (Countess), par C. Hodges.
    Très belle épreuve en manière noire. Encadrée.

150. Enfant en prière. Gravure in-4° à la manière noire.
    Belle épreuve avant toutes lettres.

REYNOLDS (S.-W.).

151. *Agar Ellis* (*The Hn^{ble} M^{rs}*), d'après Jackson.
    Très belle épreuve imprimée en couleurs, avec toute sa marge.

RIDÉ.

152. *Louis XVI*, roi de France et de Navarre.
     Médaillon ovale en couleurs, d'après Benard. Belle épreuve.

RUOTTE.

153. *Marie-Antoinette d'Autriche*, d'après Césarine F***, in-4°.
     Très belle épreuve imprimée en couleurs. Marges.

RUSSELL (D'après).

154. *Banks (Lady)*, par Collyer.
     Gracieux portrait en médaillon ovale. Belle épreuve. Marges.

155. Betsy in trouble. — The dog's first sight of himself. — The favourite rabbit. — Tom and his pidgeons. Suite de quatre pièces, par Schiavonetti, imprimées en couleurs.
     Épreuves encadrées.

SAINT-AUBIN (D'après Aug. de).

156. Le Bal paré. — Le Concert. Deux pièces faisant pendants, par A.-J. Duclos (E. B. 402-403).
     Très belles épreuves avec l'adresse de Chereau. Petites marges, encadrées.

SAINT-NON (L'abbé de).

157. La Petite Charrière en couches, gravé à l'eau-forte, d'après C.-N. Cochin le fils, 1758.
     Très belle épreuve. Petites marges.

SCHALL (D'après F.).

158. Histoire de Paul et Virginie. Suite de six pièces, gravées par Descourtis.
     Très belles épreuves en couleurs. Marges.

158 bis. Les mêmes estampes.
     Très belles épreuves en couleurs, encadrées.

SERGENT-MARCEAU (A.).

159. *Marie-Antoinette d'Autriche.* Reine de France, d'après Mme Le Brun. Petit médaillon publié chez Levachez.
    Très belle épreuve imprimée en couleurs. Grandes marges. Rare.

160. Honneurs rendus au brave général Marceau, commandant l'aile droite de l'armée de Sambre-et-Meuse, par le Prince Charles et les généraux de l'armée de S. M. Impériale. Dessiné et gravé par Sergent, son beau-frère. — Chez l'auteur. — A Paris, chez Blin, m^d d'Estampes, rue des Noyers, n° 18. — A Bâle, chez MM. Méchel au cabinet des Arts, et Decker Libraire. — Publié sous la garantie nationale conform^t à la Loi, l'an Veme.
    Superbe épreuve imprimée en couleurs. Grandes marges. Très rare.

SHERWIN (I.-K.).

161. The Happy Village.
    Très belle épreuve avec la lettre grise. Marges (doublée).

SINGLETON (D'après H.).

162. Bataille entre l'archiduc Charles et le général Moreau, près de Kintsingen, le 19 octobre 1796, par N. Schiavonetti.
    Très belle épreuve imprimée en couleurs. Petites marges.

SMITH (J.-R.).

163. Woodnymph, médaillon ovale, in-4°.
    Très belle épreuve imprimée en couleurs. Remontée.

SPORT.

164. Un Lot de différentes pièces sur le Sport, sera divisé.

STRANGE (Rob.).

165. *Charles Ier*, Roi de la Grande-Bretagne. — *Henriette Marie,* son épouse. Deux portraits en pied faisant pendants, d'après Van-Dyck, in-fol.
    Belles épreuves.

TAUNAY (D'après N.).

166. La Noce de Village. — La Foire de Village. — La Rixe. — Le Tambourin. Suite complète de quatre estampes gravées par Descourtis et imprimées en couleurs.

> Très belles épreuves, les deux premières sont avec les armes et les deux autres également du premier tirage avec l'adresse du graveur. Les pièces sont très belles et uniformes de tirage.
> Cadres Louis XVI, en bois sculpté.

TAUNAY (D'après N.).

167. Foire de Village. — Noce de Village. Deux charmantes petites pièces faisant pendants, gravées par Descourtis, en réduction de ses estampes en couleurs, in-8°.

> Superbes épreuves en couleurs. Grandes marges.

168. La Rixe, par Descourtis.

> Très belle épreuve avec l'adresse de Moret. Grandes marges.

TOMKINS.

169. The Wanton Trick. — Innocent Play. Deux petites pièces in-8°, en travers.

> Belles épreuves, encadrées.

VAN GORP (D'après).

170. Le Déjeuner de Fanfan, gravé par Malles, sous la direction de Bonnet.

> Très belle épreuve en couleurs, à toutes marges. De la plus grande fraîcheur.

171. La même estampe.

> Très belle épreuve en couleurs. Sans marges. Encadrée.

VERNET (D'après CARLE).

172. *Napoléon Ier*, empereur des Français, par Levachez. Grand in-fol.

> Très belle épreuve imprimée en couleurs. Sans marges.

VUES D'OPTIQUE.

173. Vues de Paris et des châteaux environnants, Marly, Saint-Germain, Maisons, Vaux-le-Vicomte, Versailles, Noisy, etc.

> 28 pièces coloriées.

VUES D'OPTIQUE.

174. Vues d'Allemagne, d'Espagne, d'Italie, de Russie, etc.
   30 pièces coloriées.

WALKER.

175. *Dutchess of York* (Her royal highness the), d'après Cheeseman.
   Charmant portrait en médaillon ovale, imprimé en couleurs.

WARD (W.).

176. A Young lady encouraging the low comedian, d'après J. Northcote.
   Très belle épreuve en couleurs d'une très gracieuse estampe anglaise. Cadre en bois sculpté et doré.

177. Louisa, publiée par Smith.
   Très belle épreuve de la planche originale, imprimée en bistre. Marges.

WATTEAU (D'après Ant.).

178. Arabesques, feuilles de paravent. Trois pièces gravées par Surugue.
   Belles épreuves. Marges.

WHEATLEY (D'après F.).

179. Jeune femme vue à mi-jambes, étendue sur un canapé et lisant; au bas quatre vers : *All that of Love...* Pièce de forme ovale, en largeur, par R. Stanier, 1788.
   Superbe épreuve imprimée en couleurs. Marges.

180. Cri de Londres : *Two bunches a penny primeroses*, par Schiavonetti.
   Belle épreuve imprimée en couleurs.

WRIGHT (D'après J.).

181. La Leçon de Physique, gravure à la manière noire, par W. Pether, 1768.
   Très belle épreuve avant la lettre. Marges.

182. Sous ce numéro, quelques estampes non cataloguées.

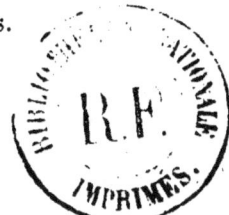

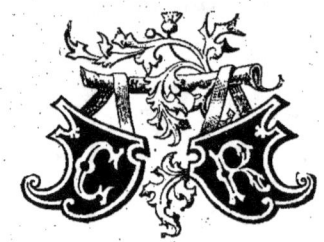

www.ingramcontent.com/pod-product-compliance
Lightning Source LLC
Chambersburg PA
CBHW050038230526
45470CB00003B/1342